U0789412

四庫全書記事　集部

商務印書館

四庫全書總目

集部

商務印書館

漢　王逸　撰

離騷經章句第一

離騷經者屈原之所作也屈原與楚同姓仕於懷王為
三閭大夫三閭之職掌王族三姓曰昭屈景屈原序其
譜屬率其賢良以屬國士入則與王圖議政事決定嫌
疑出則監察群下應對諸侯謀行職修王甚珍之同列

大夫上官靳尚妬害其能共讒毀之王乃疏屈原屈原
執履忠貞而被讒衺憂心煩亂不知所愬乃作離騷經
離別也騷愁也經經也言己放逐離別中心愁思猶陳
直徑以風諫君也故上述唐虞三后之制下序桀紂羿
澆之敗冀君覺悟反於正道而還己也是時秦昭王使
張儀譎詐懷王令絕齊交又使誘楚請與俱會武關遂
脅與俱歸拘留不遣卒客死於秦其子襄王復用讒言
遷屈原於江南而屈原放在山野復作九章援天引聖

欽定四庫全書

[illegible] [illegible] [illegible] [illegible] [illegible] [illegible] [illegible] [illegible] [illegible] [illegible]

卷一

女傳 [illegible]

[illegible] [illegible] [illegible] [illegible] [illegible] [illegible] [illegible] [illegible]

欽定四庫全書

四庫全書記事

集部

一

四庫全書薈要
集部
一

四庫全書記事
集部
二

四庫全書薈要

卷首

二

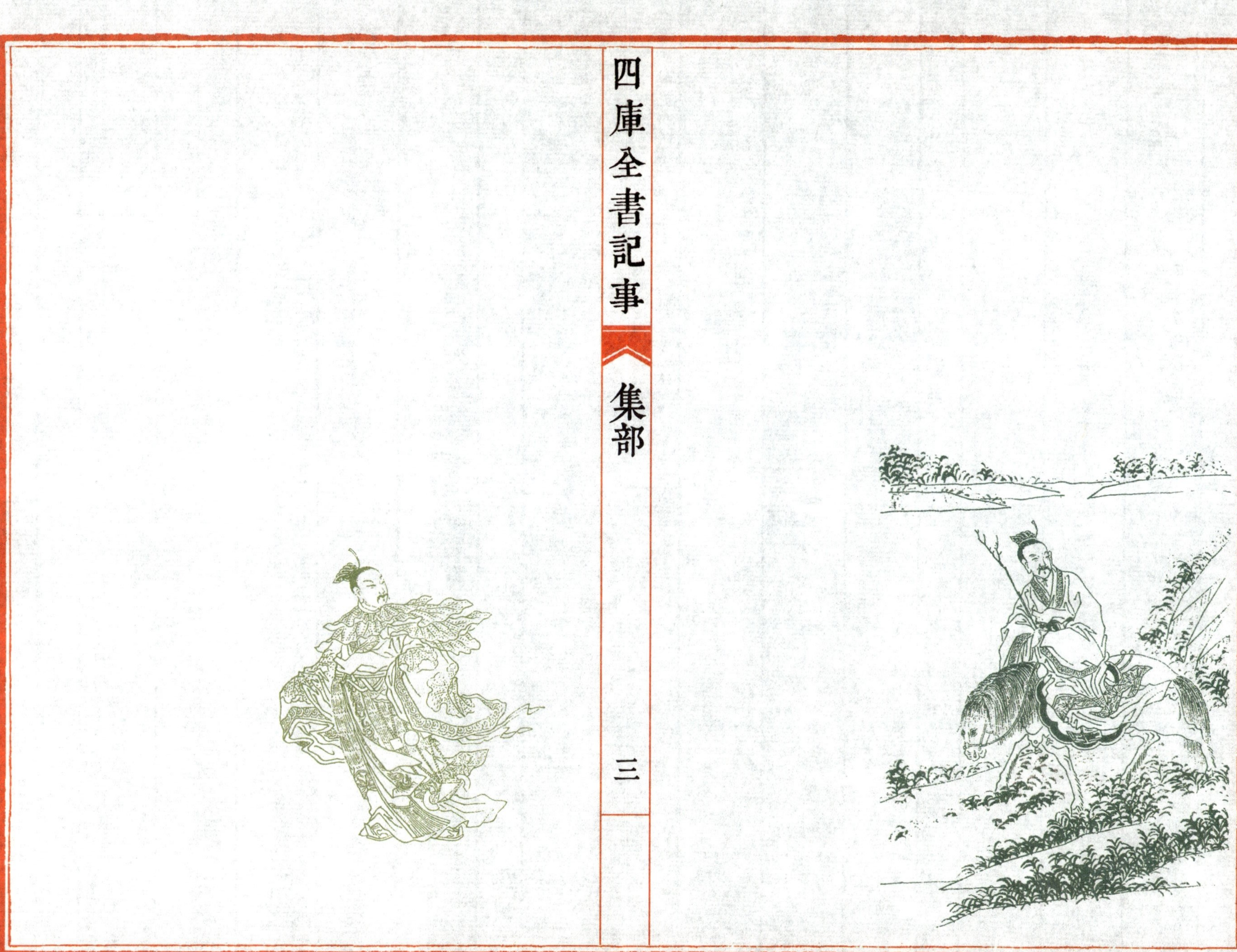

四庫全書記事

集部

三

四庫全書薈要

集部

三

四庫全書記事
集部
四

四庫全書
棠備
四

四庫全書記事

集部

五

四庫全書　榮府　五

四庫全書記事
集部
六

四庫全書薈要

樂府

六

四庫全書記事
集部
七

四庫全書
樂情

四庫全書薈要
集部
八

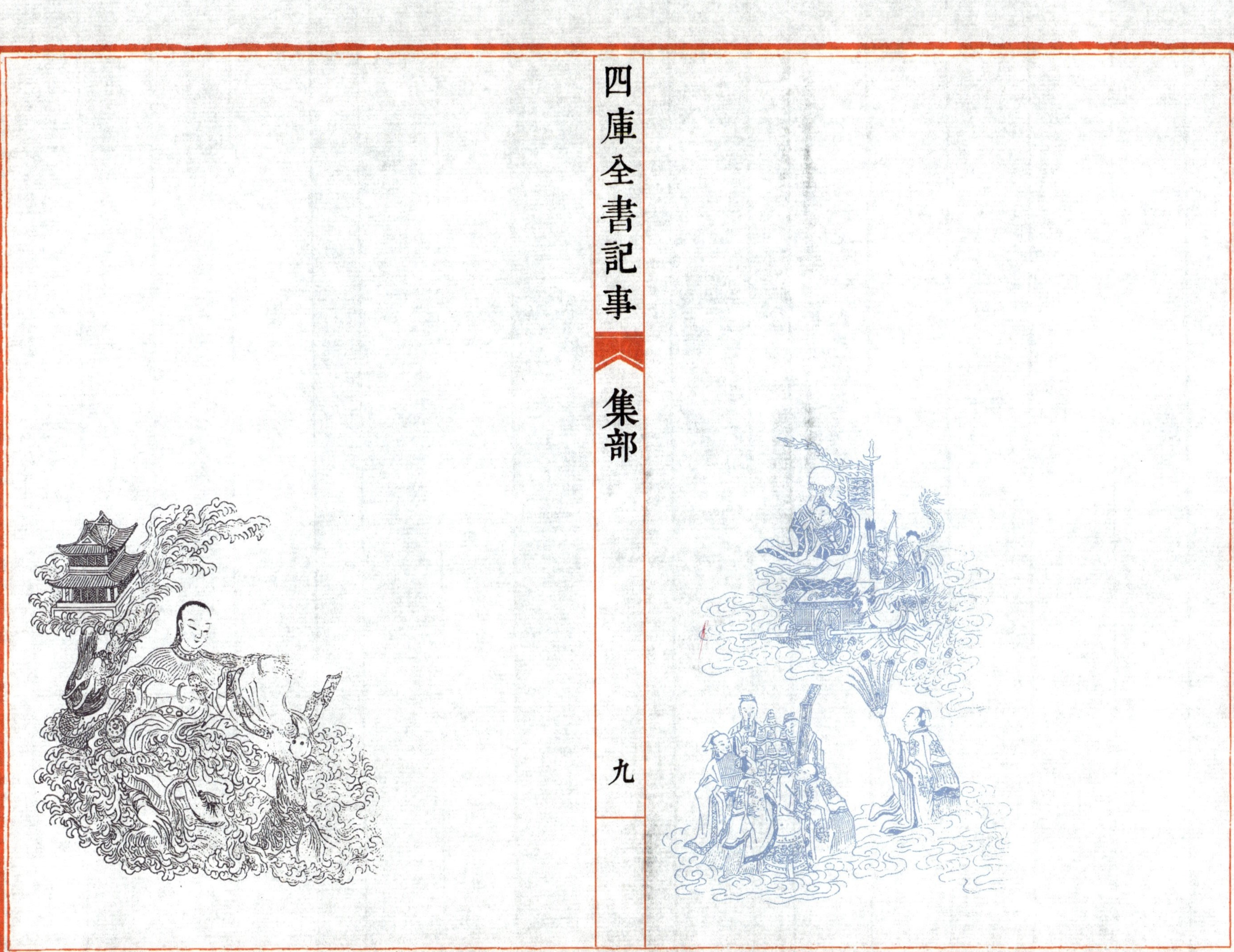

四庫全書記事

集部

九

四庫全書

集部

四庫全書記事　集部　一〇

四庫全書寫本　樂書

一〇二

四庫全書記事　集部

二

四庫全書記事

集部

一二

四庫全書備要

集部

二

四庫全書記事

集部

一三

四庫全書薈要
藻蘋
三

四庫全書薈要
集部
一四

四庫全書記事　集部

一五

四庫全書記事

集部

一六

四庫全書記事

集部

一七

四庫全書總目

叢脩

四庫全書記事　集部
一八

四庫全書薈要

集部

四庫全書記事

集部

二〇

四庫全書薈要
樊俗
二○

四庫全書薈要
集部
二

四庫全書記事

集部

二二

四庫全書薈要

樂府

二三

四庫全書記事
集部
二三

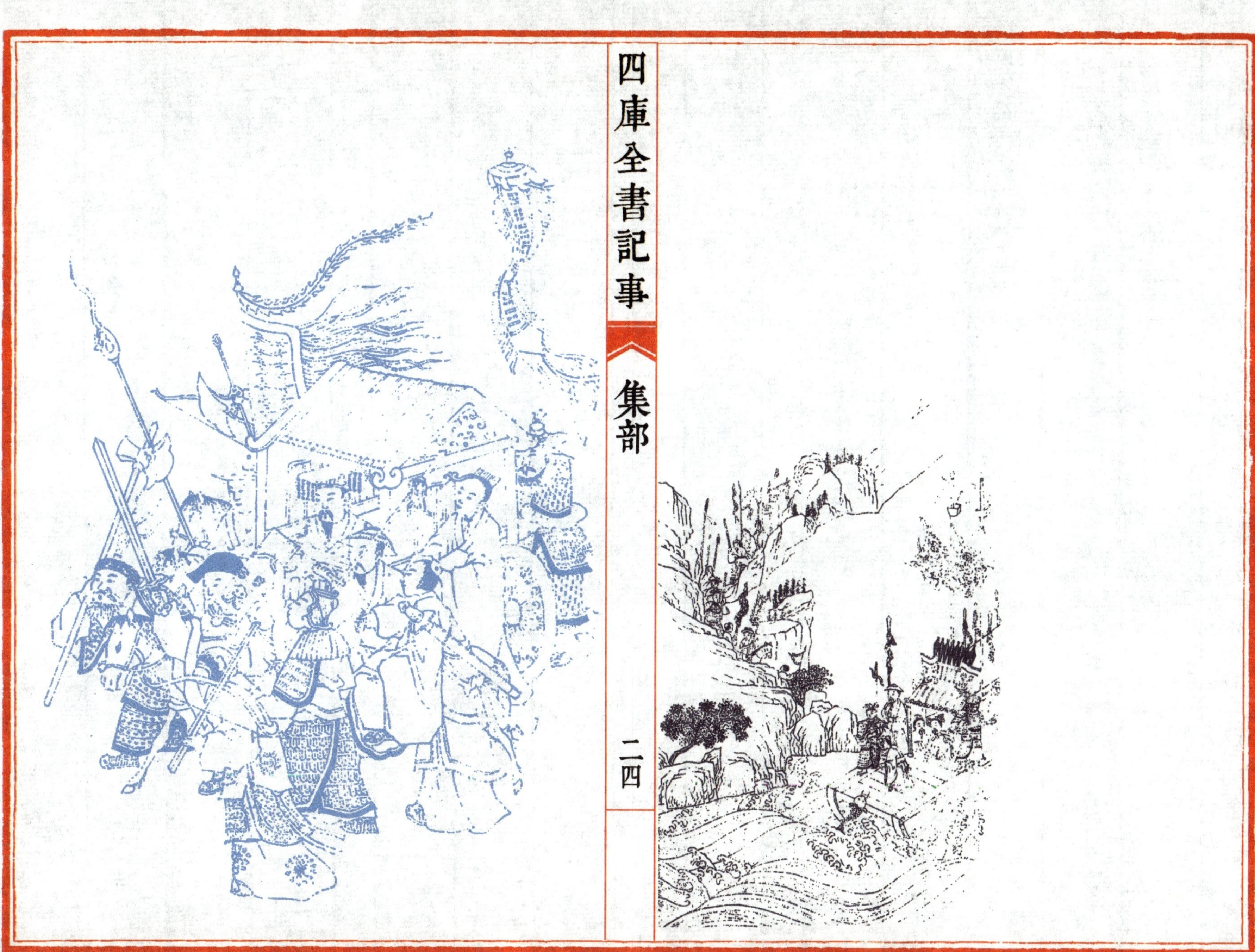

四庫全書記事
集部
二四

四庫全書薈要
集部
二百

四庫全書薈要
美術
二四

四庫全書記事

集部

二七

四庫全書記事　集部　二八

四庫全書
集部

四庫全書記事

集部

二九

四庫全書薈要

集部

二六

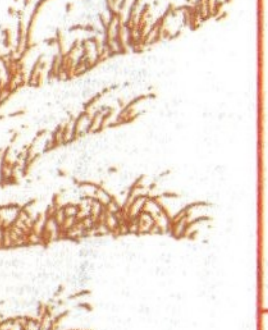

四庫全書薈要

集部

四庫全書薈要

集部

三

四庫全書記事

集部

三三

四庫全書薈要
集部
三三

四庫全書記事

集部

三四

四庫全書薈要
集部
三四

四庫全書記事

集部

三五

四庫全書薈要

集部

三五

四庫全書記事

集部

三六

四庫全書寫本

巢游

三二六

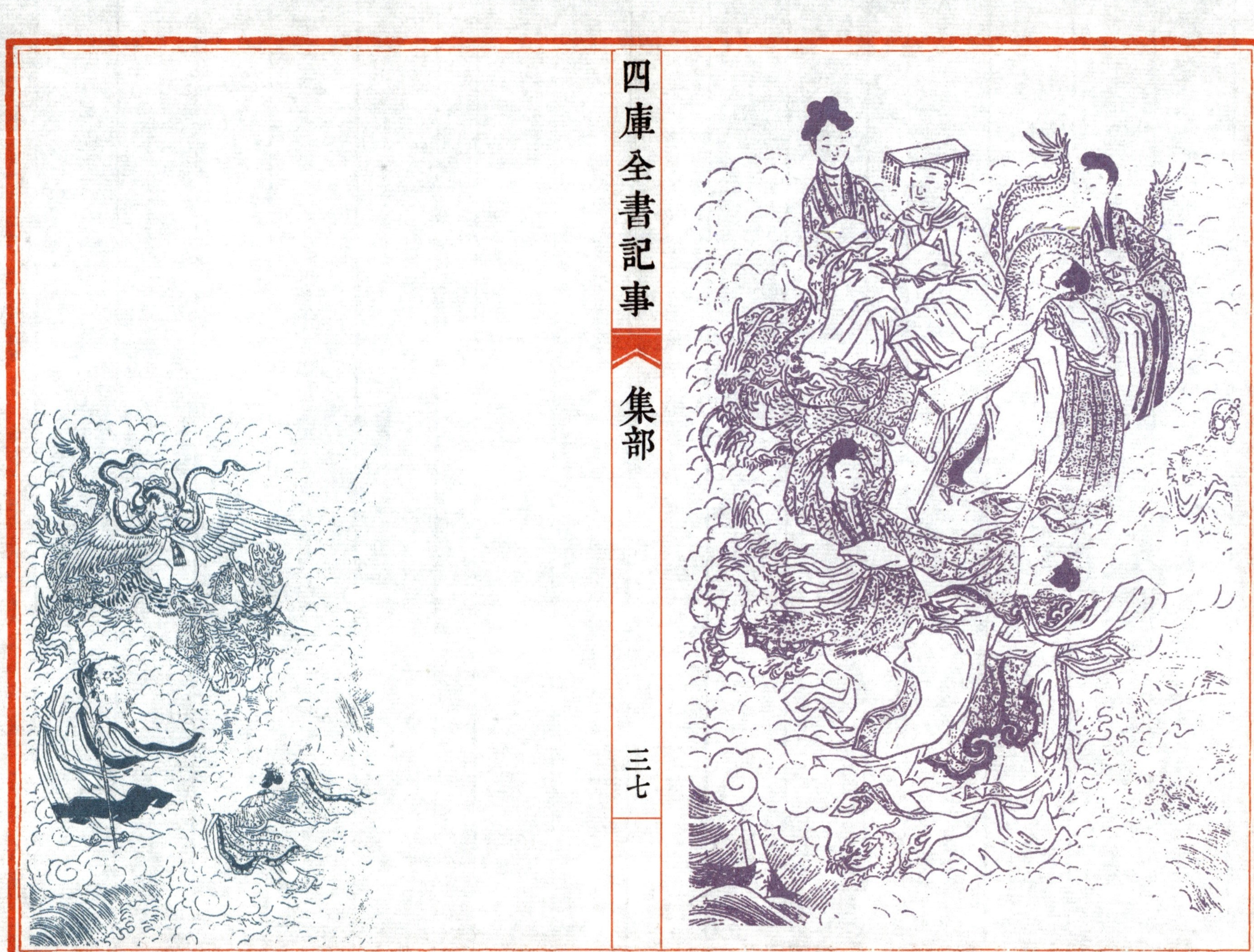

四庫全書繪事
集備
二二

四庫全書記事　集部

三八

四庫全書寫本
集部
三五

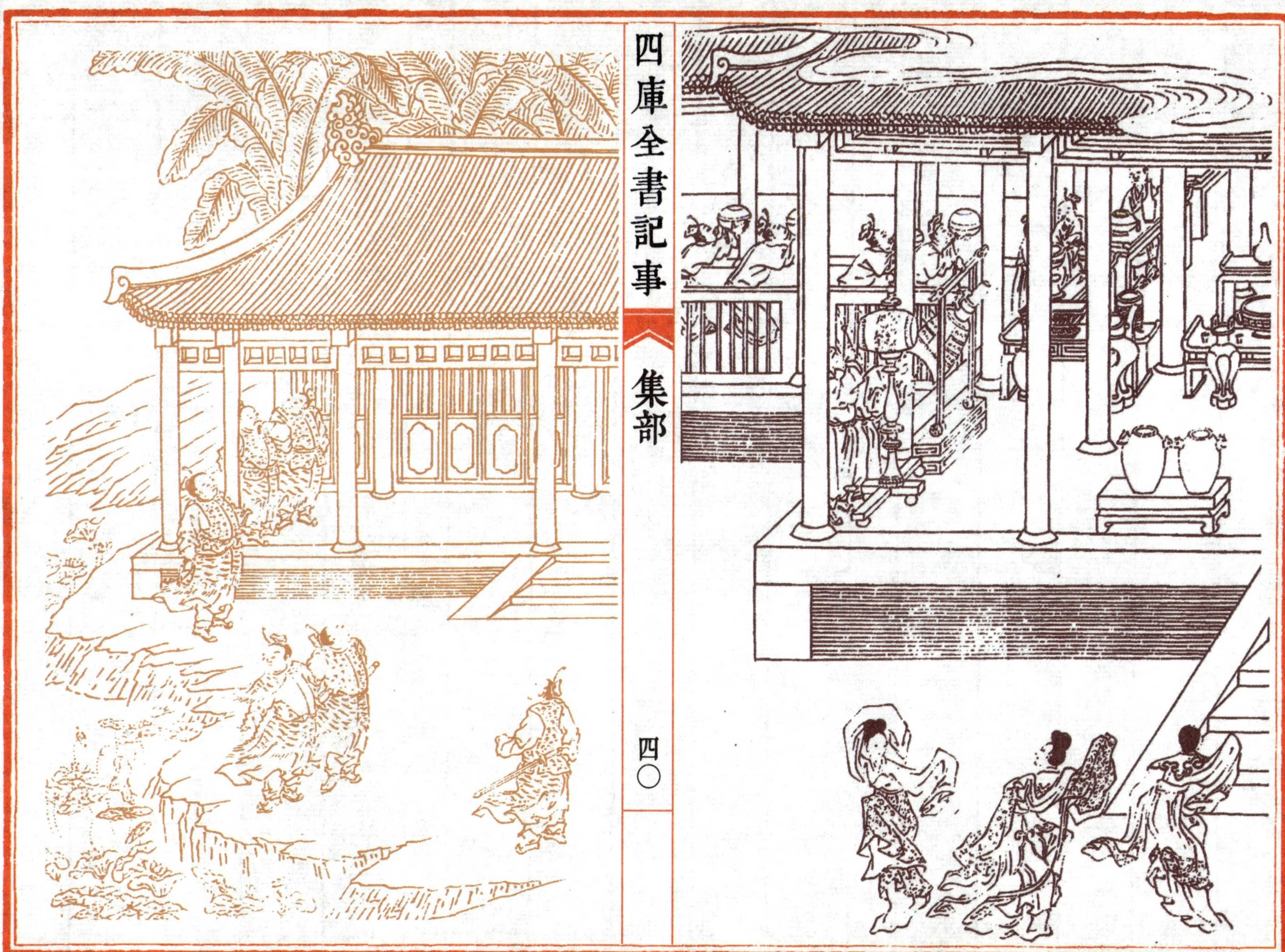

四庫全書記事
集部
四〇

四庫全書寫軍
集部
四〇

四庫全書記事

集部

四一

四庫全書

集部

四二

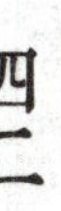

四庫全書記事

集部

四二

四庫全書記事
集部
四三

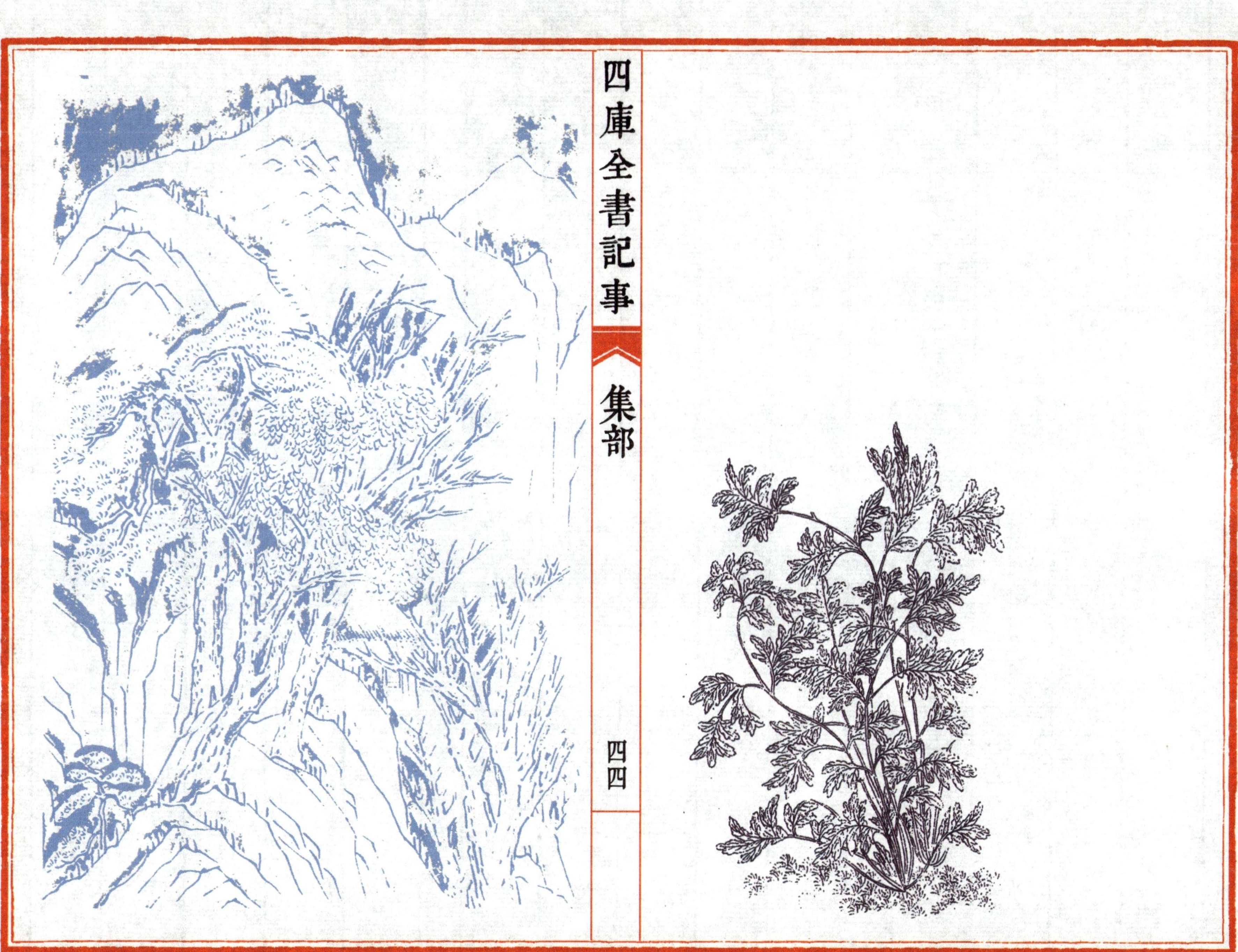

四庫全書記事
集部
四四

四庫全書薈要

農桑

四四

四庫全書薈要
樂府

四庫全書總目
集部
四六

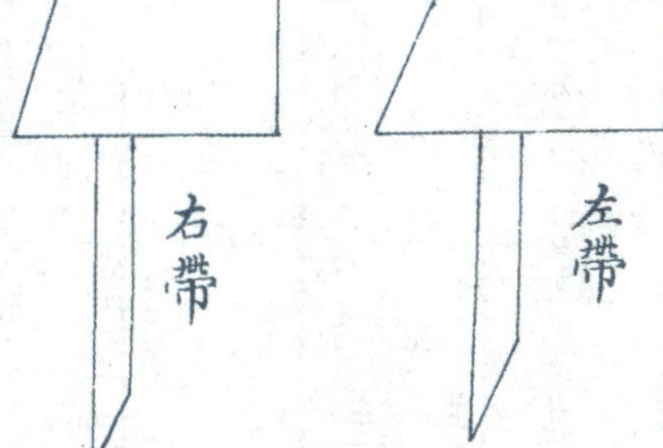
右帶
左帶

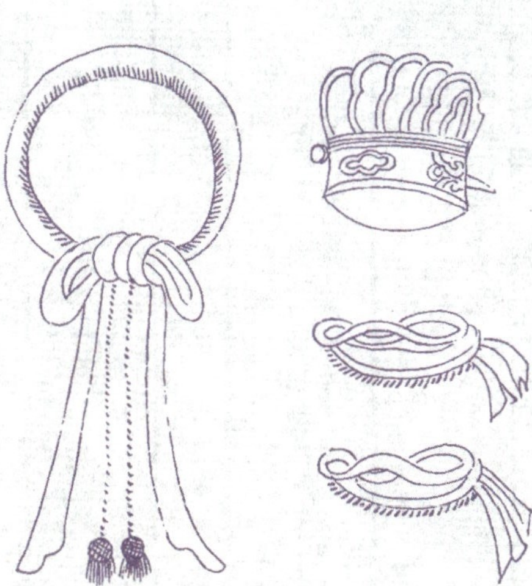

四庫全書薈要　樂律

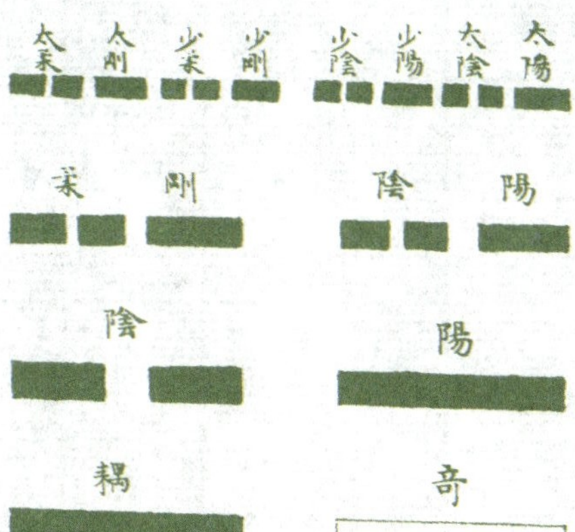

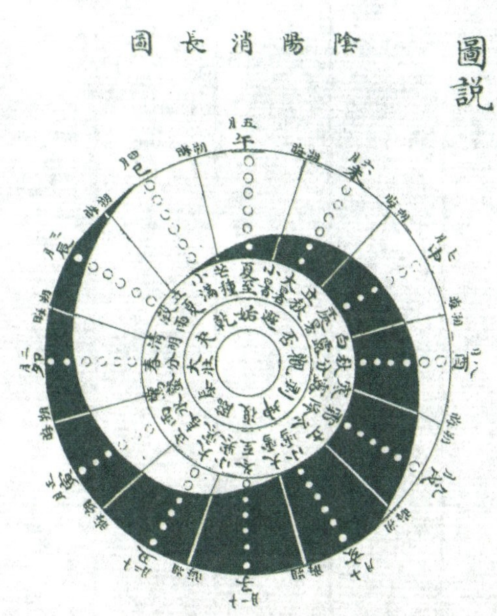

陰陽消長圖

圖說

四庫全書總目　　集部

霾兩輪兮縶四馬
之，言己馬雖死傷，更霾車兩輪，絆四馬，終不反顧，示必死也。

援玉枹兮擊鳴鼓
言己身雖死傷，猶手援玉枹，擊鳴鼓，愈自[勉]也。

天時墜兮威靈怒
言天時墜落也。言己戰鬬，適遭天時，命當墜落，雖身死亡，而威神氣益盛，屬怒執[銳]，健不[衰]也。

嚴殺盡兮棄原埜
嚴，壯也。殺，死也。言壯士盡其命，則骸骨棄於原埜，而不畏憚也。

出不入兮往不反
言壯士出鬭，不復還入，一往必死，不復還反也。

平原忽兮路超遠
言身棄平原山野之中，去家道甚遠也。

帶長劍兮挾秦弓
言身雖死，猶帶長劍持弓，示不舍武也。

首身離兮心不懲
懲，忿也。言己雖死，頭足分離，而心然不懲忿也。

誠既勇兮又以武
終剛強兮不可凌
言國殤之性，誠以既勇，又以武，之後精神剛強，不可凌犯也。把也。

身既死兮神以靈
子魂魄兮為鬼雄
言壯鬼武毅，長為百鬼之雄傑也。

國殤

禮魂

成禮兮會鼓
言祠祀九神，皆先齋戒，成其禮敬，乃傳歌作樂，急疾擊鼓，以稱神意也。

傳芭兮代舞
芭，巫所持香草名也。代，更也。言祠祀作樂而舞，巫持芭而舞，訖以復傳與他人，更用之也。

姱女倡兮容與
姱，好貌也。謂倡首也。言使童稚好女先倡而舞，則進退容與，而有節度也。

春蘭兮秋菊
長無絕兮終古
言春祠以蘭，秋祠以菊，為芬芳，長相繼承，無絕於終古之道也。

[illegible]

圖書在版編目 (CIP) 數據

四庫全書記事 / 商南編 . — 北京 : 商務印書館 , 2018.6
（2021.3 重印）
ISBN 978–7–100–15748–3

Ⅰ . ①四… Ⅱ . ①商… Ⅲ . ①《四庫全書》– 通俗讀
物 Ⅳ . ① Z121.5–49

中國版本圖書館 CIP 數據核字（2018）第 015024 號

四庫全書記事

商 南 編

商 務 印 書 館 出 版
（北京王府井大街 36 號　郵政編碼 100710）
商 務 印 書 館 發 行
揚州國書文化傳播有限公司印刷
ISBN　978–7–100–15748–3

2018 年 6 月第 1 版　　　尺寸　140mm×230mm
2021 年 3 月第 2 次印刷　　定價　398.00 元